LA GRANDE GUERRA SUL MONTE GRAPPA

Per conoscere la guerra, senza averla conosciuta, quando ormai mancano anche i racconti dei vecchi che l'hanno vissuta, possono parlare i luoghi dove si è svolta, i paesaggi.

Per raggiungere il Monte Grappa si salgono i tornanti fino all'altopiano e si passa attraverso boschi e prati scoprendo grotte e strane fenditure nel terreno, simili a ferite non certo create dalla natura. Le rocce sono di calcare, biancone e Scaglia Rossa tipiche di questo massiccio, screpolate ed erose e le strade bianche di sassi scheggiati e aguzzi. Come accade nelle montagne carsiche le cui rocce calcaree si erodono per l'azione dell'acqua, nel Grappa non ci sono fiumi né laghi ma acqua e neve penetrano entro le rocce e rimpollano a valle nelle risorgive. I dossi dei vari colli, oltre i 1400 metri di altitudine, sono privi di alberi, vi si trovano solo cespugli di bassa vegetazione.

Il **massiccio del Grappa** ha una forma squadrata, a sud oltre alla serie di colline ai suoi piedi si apre davanti la pianura, a est c'è la valle percorsa dal **fiume Piave**, a nord proseguono i rilievi montuosi del feltrino, a ovest c'è la valle percorsa dal **fiume Brenta** (Val Brenta o Valsugana). Il paesaggio più noto, del versante sud che si affaccia su **Valle Santa Felicita** e sulla pianura veneta, offre in alto le cime del **Monte Asolone** e del **Monte Grappa**.

LA STATUA DELLA MADONNA AUSILIATRICE

Non si conosce molto della storia passata di questi luoghi ma proprio all'inizio del XX secolo accadde un fatto che vi portò particolare attenzione. Per tradizione accadeva che le cime più alte e significative dei monti diventassero sedi di grandi croci in modo che fossero visibili anche a grande distanza. Fu previsto che avvenisse così anche per il Grappa, in occasione del **Giubileo dell'anno 1900**, ma al posto della croce si stabilì che venisse collocata una **statua** in ghisa alta due metri e raffigurante la **Madonna Ausiliatrice con Gesù bambino**, realizzata da uno scultore francese, Pietro Vermar, che nelle intenzioni doveva proteggere i confini dell'Italia. La statua fu collocata dentro a una cappella ottagonale neogotica, progettata dall'architetto – ingegnere Augusto Zardo.

… Madonna Ausiliatrice con Gesù bambino…

Il sacello fu inaugurato dal **Cardinal Giuseppe Sarto** il 4 agosto del 1901 (ancora oggi la prima domenica d'agosto si celebra la Madonna con un pellegrinaggio). Il Cardinale era allora patriarca di Venezia e conosceva bene queste zone perché era nato a Riese, un paese ai piedi delle montagne, e tornava spesso in vacanza a Crespano del Grappa. Due anni dopo (1903) venne eletto **papa** col nome di **Pio X**.

… Cardinal Giuseppe Sarto, papa Pio IX…

Nonostante i buoni auspici e l'augurio di pace e prosperità formulati in quell'occasione per il nuovo secolo che era iniziato, dopo pochi anni scoppiò una guerra destinata ad allargarsi e a coinvolgere così tante nazioni in Europa e oltre mare da meritare, per la prima volta nella storia, l'appellativo di **Guerra Mondiale (1914-1918)**. La Grande Guerra vide combattersi 65 milioni di soldati, provocò circa 10 milioni di morti, di cui 599.840 italiani e un numero enorme di feriti e mutilati.

L'ITALIA IN GUERRA

Inizialmente l'Italia non partecipò alle operazioni militari, ma la sua neutralità era destinata a interrompersi: ferveva un acceso dibattito sull'opportunità di impegnarsi nel conflitto che vedeva già allo scontro gli Imperi centrali (Austria - Ungheria e Germania) contro Francia, Inghilterra e Russia. Nonostante la resistenza dei "neutralisti", gli "interventisti" ebbero la meglio e l'Italia entrò nel conflitto il **24 maggio del 1915**. Venne aperto un **fronte di 750 chilometri dal Mare Adriatico alla Svizzera**. Tra il 1915 e il 1917 gli Italiani attaccarono gli austriaci in dodici battaglie offensive sul fiume Isonzo in Friuli Venezia Giulia senza riportare successo, invece le offensive austriache partirono dal Trentino e si estesero all'Altopiano di Asiago poco distante dal Monte Grappa.

STRATEGIE DI FORTIFICAZIONE DEL MONTE GRAPPA

Il 7 ottobre 1917 il **Generale Luigi Cadorna**, capo di Stato maggiore dell'Esercito italiano, visitò le posizioni sul Monte Grappa e valutò la sua conformazione, ne studiò la topografia e il panorama circostante ben visibile e netto grazie alla bella giornata. Dopo di che, arrivato nel punto più alto, parlò al **colonnello Antonio Del Fabbro** prescrivendo che il Grappa doveva essere rafforzato in modo da riuscire imprendibile sia verso ovest (Valle del Brenta) che a nord, perché se fosse capitato qualcosa sull'Isonzo sarebbe si sarebbe arretrati sulla

linea che dall'Altopiano di Asiago e le Melette passava sul Grappa e a est raggiungeva il Monfenera, il Montello e il Piave.

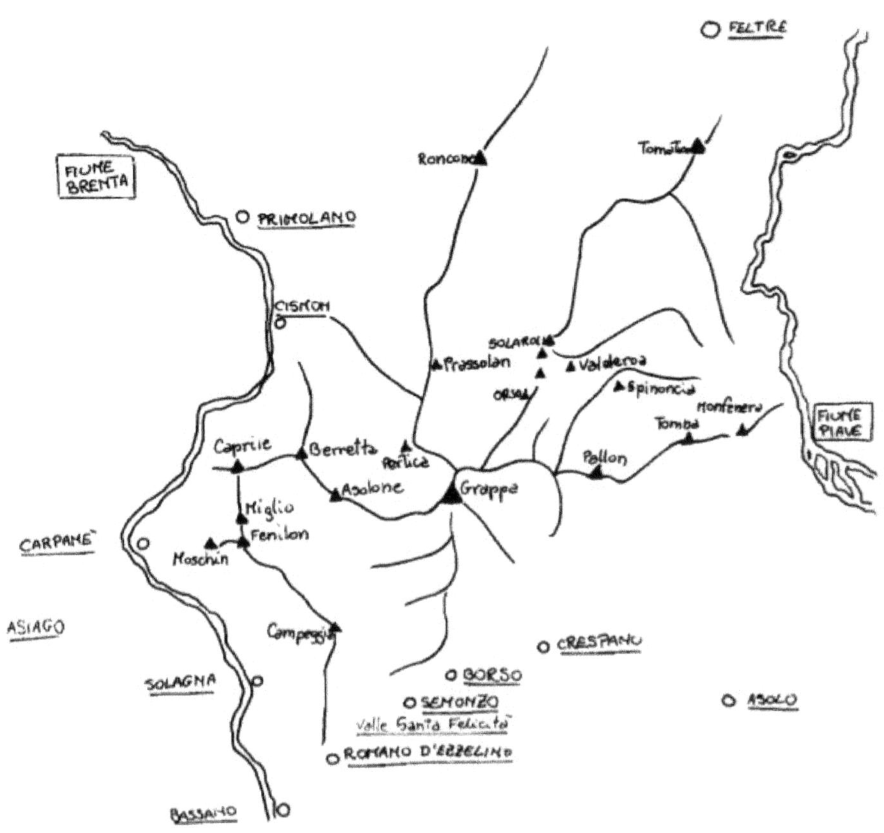

…il massiccio del Grappa, tra i fiumi Brenta e Piave…

Il suo ragionamento prendeva certamente atto delle potenzialità strategiche di questi luoghi ma non prescindeva dai grandi rischi: il Grappa poteva diventare una trappola in quanto mancava principalmente l'acqua che non era trattenuta dalle rocce carsiche e sulle cime dei monti gli alberi si diradavano fino a lasciarle del tutto esposte. E per questo, già in anni precedenti, egli aveva pensato a un progetto generale di potenziamento del caposaldo e avviato dei lavori che comprendevano fra l'altro la costruzione fondamentale di un **impianto di sollevamento di acqua potabile nel Vallone di San Liberale** con un serbatoio per il ricevimento presso la Madonnina. L'impianto distribuiva 1.200.000 litri giornalieri alzati a 1000 metri. L'acquedotto era poi integrato da diversi serbatoi deposito anche in caverna (due a Cima Grappa, due in caverna a Cason di Meda e all' Archeson, a Bocca di Forca, a M. Pallone e a Punta Brentàl) da oltre 100.000 litri ciascuno.

Il Monte Grappa venne potenziato anche con delle **teleferiche** (una da San Nazario in Valsugana a Col Ranier e l'altra dal Santuario del Covolo al Grappa); con **reticolati, trincee, appostamenti per mitragliatrici e spianamenti dalla Val Brenta al Grappa,** infine venne realizzata una fitta rete di strade: 80 chilometri di **mulattiere** (sentieri percorribili a piedi e con muli), 70 chilometri di **carrarecce** (strade praticabili con carri) e 50 chilometri di **camionabili** (strade che consentivano il passaggio di camion con viveri, munizioni, rinforzi). In particolare la **strada camionabile** che **da Romano Alto** (a 132 metri sul livello del mare) raggiungeva Campo Solagna, Valle San Lorenzo (a 1000 metri circa), fino **alla Cima del Grappa** (a 1775 metri) ed era lunga **trentadue chilometri**.

I lavori per realizzare la strada durarono dieci mesi di cui quattro in inverno tra il 1916 e il 1917, venne realizzata in modo che non fosse troppo in pendenza e la sua larghezza di tre metri consentisse il passaggio delle artiglierie pesanti. Fu subito ribattezzata dai locali **"Strada Cadorna"**, nome che la definisce ancora oggi. Giunta a Col Campeggia (a sud ovest del massiccio, 1100 metri) si articolava: un ramo proseguiva per la vetta e altre carrarecce raggiungevano Col del Gallo, Col Rainero, Col Caprile, Col della Beretta fino a Col Bonato, Monte Pertica e San Giovanni ai Colli Alti. Lo snodo di **Col Campeggia** era importante anche perché stazione d'arrivo di due teleferiche stese su Valle Santa Felicita dove il materiale bellico veniva trasportato da Bassano con una ferrovia.

Per questo il Col Campeggia divenne **magazzino, sede di comando, osservatorio verso l'Asolone** (sono ancora visitabili le gallerie e i rifugi scavati nelle rocce, la salita del pozzo dell'osservatorio) inoltre essendo l'ultima linea di massima resistenza su Santa Felicita vennero scavati quasi 15 chilometri di trincee, oggi recuperate e visitabili. Per quanto riguarda le **trincee**, il sistema di Col Campeggia offre la possibilità di seguirne i tracciati e comprendere con che modalità e perché vennero realizzate: si tratta di corridoi scavati nella terra e nella roccia (con degli slarghi ogni ventina di metri per il passaggio di uomini e feriti da portar via), ad andamento zig-zagante, in parte scoperti in parte coperti con tavole asportabili che servivano per ripararsi dalle intemperie e dagli attacchi avversari.

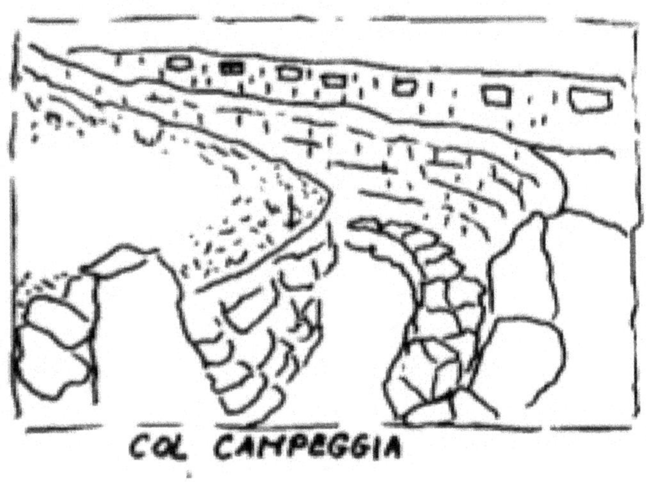

...le trincee di Col Campeggia...

I soldati armati vi erano appostati dentro, uno accanto all'altro. Si trattava di siti malsani dove essi stazionavano, e di fatto vivevano, in condizioni igieniche precarie, in preda a innumerevoli disagi prodotti da neve, gelo e pioggia e dalla presenza di morti e feriti.

Davanti alle trincee erano **collocati reticolati, mine, telai di tavole incrociate, chiodati e rotanti, chiamati cavalli di Frisia** che servivano sia per difesa che per offesa nei momenti di attacco. Tutto ciò serviva a proteggere la conquista di pochi metri alla volta della cosiddetta **"terra di nessuno"** cioè di quella fascia ristretta di territorio che separava i due eserciti combattenti. Il conflitto si ridusse per lunghi mesi a una **"guerra di posizione"** che costava però tantissime vite umane, un sacrificio abbastanza inutile se rapportato all'effettiva entità dei risultati per entrambi gli schieramenti. Se gli austriaci con le battaglie sull'Asolone, avessero sfondato questa linea, non ci sarebbe stata più alcun'altra difesa per la pianura sottostante e per Bassano.

LA DISFATTA DI CAPORETTO

Il **24 ottobre 1917** con l'offensiva austro ungarica ci fu la **XII battaglia dell'Isonzo a Caporetto**, al confine tra Italia (Friuli) e Slovenia. Dopo tre giorni un milione e mezzo di soldati italiani arretravano a marce forzate e disorganizzati verso il Tagliamento inseguiti da un milione di austriaci che tuttavia invece di approfittare e spingere con decisione verso la pianura padana si fermarono sul Piave. Quanto era stato previsto da Cadorna si verificò e gli italiani si riorganizzarono sul Monte Grappa solo che a guidarli non fu più lui ma il **Generale Armando Diaz**.

Ora la **linea difensiva partiva Trentino, attraversava il Grappa e raggiungeva il mare con le ali strategiche**

dell'Asolone a ovest (verso Bassano) e del Monte Tomba a est (verso la pianura e il Piave).

…la linea del fronte tra Veneto e Friuli Venezia Giulia…

Era l'inverno 1917 e le strade e i presidi voluti da Cadorna sul Grappa risultarono fondamentali per gli italiani mentre gli **austro-ungarici erano completamente scoperti, scollegati**

dai loro rinforzi e abbandonati. Si trovarono a fronteggiare truppe italiane, francesi, inglesi e quasi 80.000 soldati morirono e innumerevoli furono i feriti e i mutilati. Le truppe avversarie continuarono a combattere fedelmente per il loro imperatore ma la sconfitta decretò anche la caduta del longevissimo impero austro-ungarico con un conseguente pesante vuoto di potere nell'Europa centrale dopo secoli di storia.

I RAGAZZI DEL '99

La guerra non era un fatto lontano ma concretamente vicino, la linea del Fronte era a poco più di trenta chilometri e l'esercito italiano venne riorganizzato attingendo a un serbatoio singolare di forze: dalle Alpi alla Sicilia, dai campi ai banchi di scuola, vennero chiamati alle armi quasi **300.000 ragazzini di appena**

diciotto anni (nati nel 1899): furono addestrati sommariamente e mandati a combattere.

Diedero energia all'esercito che così riuscì a resistere e a riprendere posizioni fino alla **battaglia di Vittorio** Veneto (24 ottobre – 3 novembre 1918) grazie alla quale si sancì la definitiva **vittoria dell'Italia** e si giunse all'**Armistizio di Villa Giusti del Giardino** (in provincia di Padova) che concluse formalmente le operazioni belliche. A ricordo del loro contributo vennero dedicate targhe celebrative, canzoni, vie e piazze per onorarli. A Bassano nella conca di Prato Santa Caterina si trova il parco con il **monumento** dello scultore Augusto Spazzapani intitolato proprio **alla memoria dei "Ragazzi del '99"**: i rilievi di bronzo raffigurano gli episodi eroici di cui furono protagonisti

…monumento ai "Ragazzi del '99"…

SEI LA MIA PATRIA

"AI RAGAZZI DEL '99"

R. ESERCITO ITALIANO

COMANDO SUPREMO

ORDINE DEL GIORNO DELL'ESERCITO

(DA DIRAMARE FINO AL COMANDO DI PLOTONE)

I GIOVANI SOLDATI DELLA CLASSE 1899 HANNO AVUTO IL BATTESIMO DEL FUOCO.

IL LORO CONTEGNO È STATO MAGNIFICO E SUL FIUME CHE IN QUESTO MOMENTO SBARRA AL NEMICO LE VIE DELLA PATRIA. IN UN SUPERBO CONTRATTACCO, UNITO IL LORO ARDENTE ENTUSIASMO ALL'ESPERIENZA DEI COMPAGNI PIÙ ANZIANI, HANNO TRIONFATO. ALCUNI BATTAGLIONI AUSTRIACI CHE AVEVANO OSATO VARCARE IL PIAVE SONO STATI ANNIENTATI; 1200 PRIGIONIERI CATTURATI. ALCUNI CANNONI PRESI DAL NEMICO SONO STATI RICONQUISTATI E RIPORTATI SULLE POSIZIONI CHE I CORPI DEGLI ARTIGLIERI, EROICAMENTE CADUTI IN UNA DISPERATA DIFESA, SEGNAVANO ANCORA. IN QUESTA ORA SUPREMA DI DOVERE E DI ONORE NELLA QUALE LE ARMATE CON FEDE SALDA E CUORE SICURO ARGINANO SUL

FIUME E SUI MONTI L'IRA NEMICA, FACENDO ECHEGGIARE QUEL GRIDO DI "SAVOIA" CHE È SEMPRE STATO SQUILLO DI VITTORIA, IO VOGLIO CHE L'ESERCITO SAPPIA CHE CHE I NOSTRI GIOVANI FRATELLI DELLA CLASSE 1899 HANNO MOSTRATO DI ESSERE DEGNI DEL RETAGGIO DI GLORIA CHE SU ESSI DISCENDE.

ZONA DI GUERRA, LI 18 NOVEMBRE 1917.

IL CAPO DI S.M. DELL'ESERCITO A.DIAZ

DOPO CAPORETTO

Nei giorni che seguirono la disfatta italiana di Caporetto, la IV Armata che presiedeva il Cadore si ritirava e la **nuova linea del fronte, arretrata e ridotta in estensione di 200 chilometri, andava dallo Stelvio ad Asiago, dal Grappa al Piave e fino al mare**. Di 65 divisioni dell'esercito ne erano attive 33. L'esercito italiano era indubbiamente in difficoltà ma lo era anche quello austriaco, decimato, privo di mezzi, con la prospettiva di combattere in inverno e sulle montagne. In questa situazione la differenza in favore degli italiani fu determinata dal senso di responsabilità verso la patria distante pochi chilometri. Inoltre il confronto fu disperato e terribile: gli uomini erano imbucati in trincee, protetti da filo spinato e sacchi di sabbia e combattevano una guerra lunga ed estenuante contendendosi strisce di territorio molto lunghe ma larghe pochi metri a prezzo di perdite enormi di vite umane.

LE TRE BATTAGLIE DEL GRAPPA

Da novembre 1917 la prima linea era dunque sul Grappa. Gli austro ungarici attaccavano da nord per scendere in pianura e da est (dal Montello al mare) per prenderli di spalle. Ci furono tre battaglie decisive: quella d'**Arresto** (10 novembre 1917 –

21 dicembre 1917), quella di **Difesa o del Solstizio** (15 giugno 1918 – 6 luglio 1918), e quella **Offensiva** (24 ottobre – 4 novembre 1918) che decretarono il successo finale dell'Italia e la fine della guerra.

LA BATTAGLIA DI ARRESTO

Durante la prima battaglia, dal 10 di novembre, **l'esercito austriaco tentò di attraversare a est il Piave e di attaccare da nord il massiccio del Grappa** (dal Monte Roncon, verso Col della Berretta, Col Caprile e Monte Asolone) ma la IV Armata lo respinse. Per giorni i soldati combatterono al freddo invernale che era insopportabile perché erano in montagna oltre i 1500 metri, inoltre non avevano protezioni naturali perché le sommità dei "colli" erano quasi del tutto esposte. Notte e giorno giungevano mezzi con viveri, munizioni e rinforzi, portavano feriti lungo la strada Cadorna che era essa stessa bersaglio di bombardamenti. Per questo vennero predisposti dei gruppi di zappatori che provvedevano a “ripararla” riempiendo le buche e a metterla in sicurezza puntellando le scarpate. **Gli austriaci pur essendo superiori, vennero fermati. Ritentarono l’offensiva un mese dopo** combattendo su Col della Beretta, Col dell'Orso, Monte Spinoncia, Col Caprile e Monte Asolone; quest’ultimo lo presero e si affacciarono sulla piana di Bassano.

…cippo del Monte Asolone lungo la via Eroica…

Pochi giorni dopo lasciarono la presa e il Grappa rimase all'Italia con grandissimo dispendio di vite umane. Era evidente che bisognava intervenire ancora sul territorio per sfruttare le opportunità strategiche. Così il **Colonnello del Genio Nicola Gavotti** realizzò un progetto eccezionale sfruttando il lungo **crinale della Cima del Grappa**, che digradava a est e a ovest (uno sperone avanzato detto la "nave"), **perforandolo all'interno con una spina centrale con 103 sbocchi su entrambi i versanti, a est e a ovest, per posizionare una settantina di cannoni e altrettante mitragliatrici e per far piovere fuoco sugli avversari che tentavano la conquista della vetta.**

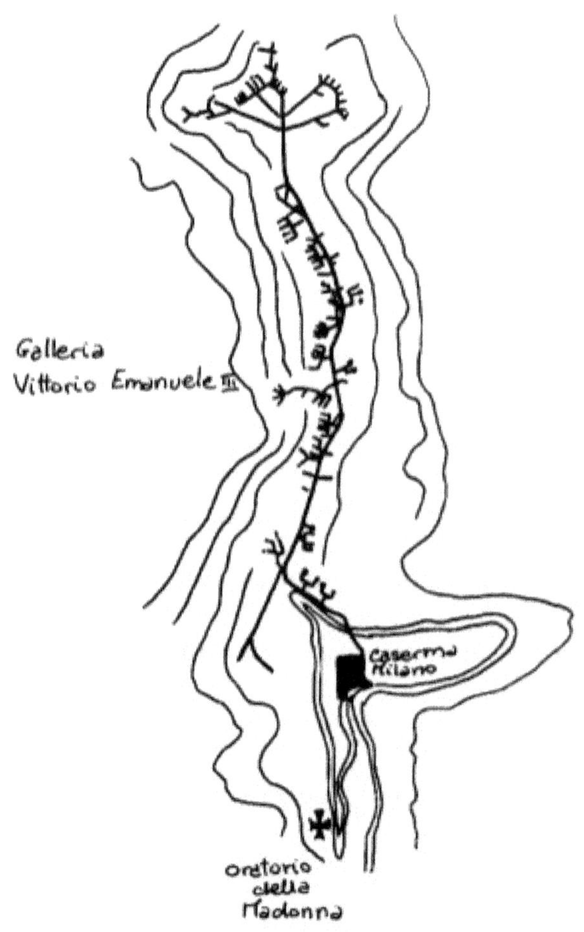

…la Galleria Vittorio Emanuele III scavata sotto il crinale del Monte Grappa…

Dal novembre 1917, per 10 mesi, 600 soldati minatori lavorarono a turno con 24 perforatrici meccaniche e avanzando di circa 3,50 metri al giorno e asportando 40.000 metri cubi di roccia residua. Al termine il un ramo principale della galleria era lungo circa 1 chilometro e mezzo e 50 rami secondari che ne estendevano lo sviluppo a circa 5 chilometri. Poteva ospitare fino a 15.000 uomini. **La galleria venne intitolata al re d'Italia Vittorio Emanuele III**.

BATTAGLIA DIFENSIVA O DEL SOLSTIZIO

L'estate successiva gli austriaci attaccarono nuovamente su tutto il fronte dall'Altopiano di Asiago al Grappa, al Monfenera, al Piave fino al mare. La **battaglia detta del Solstizio, iniziò il 15 giugno e vide l'impegno dei ragazzi del '99 della IV Armata**. Questa Armata era diretta dal **Generale Gaetano Giardino**, un piemontese di esperienza che aveva partecipato alle guerre coloniali in Africa e aveva svolto una prestigiosa carriera militare fino a diventare Ministro della Guerra, Governatore di Fiume, Maresciallo d'Italia. La sua stima per **l'Armata del Grappa** che compì il sacrificio (con il 70% delle perdite dell'intero esercito) e l'impresa di salvare l'Italia si coglie dalle parole con cui la definì un "formidabile strumento di guerra, un fascio meraviglioso di anime, simbolo insieme al Grappa della fede e della fortuna patrie, destinato a non morire". Per onorare la memoria di quanto accaduto, dopo la fine della guerra, il General Giardino per suo desiderio fu sepolto nel Sacrario del Grappa accanto ai suoi giovani soldati della Quarta Armata (1935).

...Statua del General Gaetano Giardino...

Dopo la battaglia di arresto, gli italiani si trovavano nelle ultime propaggini del massiccio verso la pianura, le rinforzarono con postazioni, trincee e reticolati prevedendo il nuovo tentativo di sfondamento che gli austriaci della XI Armata avrebbero tentato in estate per aggirare la Cima del Grappa e scendere alle Valli del Brenta e del Piave.

In effetti conquistarono Col Moschin, Col del Miglio, Col Fenilon e Col Fagheron, il Monte Pertica e le trincee del Coston, la Galleria Vittorio Emanuele III era a rischio, il lato sinistro del Grappa era tagliato fuori dalle vie di comunicazione, mancava l'illuminazione.

La via sembrava aperta ma anche gli austriaci avevano esaurito le loro risorse e gli italiani reagirono. In successione ripresero alcuni colli catturando numerosi prigionieri e armi e anche il Col Moschin. In ricordo di questo evento venne posizionata sulla sommità di quest'ultimo un'**antica colonna romana sul col Moschin**.

...colonna romana posta sul Col Moschin...

Un'**altra colonna fu posta in località Ponte San Lorenzo** con l'epigrafe: "Qui giunse il nemico e fu respinto per sempre il 15 giugno 1918. Roma eterna ne segnò il ricordo".

…colonna posta a Ponte San Lorenzo…

Gli austriaci tentarono di raggiungere i Colli Alti e a valle Solagna per puntare a Bassano ma anche qui furono respinti. I combattimenti continuarono fino al 24 giugno quando venne riconquistato il Monte Asolone ma solo temporaneamente perché anche le forze italiane erano esauste.

Tutti i soldati italiani sentirono proprio il territorio del Grappa, monte sacro alla Patria e a seguito di questa determinante battaglia furono **concesse ben 640 medaglie ai suoi difensori**, il General Giardino ricordando la IV Armata ricordò che "...durante l'infuriare della battaglia...il servizio d'ordine...non ha avuto da prendere e da ricondurre sulle linee neppure un uomo in tutta l'Armata...vi addito tutti all'ammirazione e all'amore della Patria!". La battaglia cessò per l'esaurirsi di forze e munizioni di entrambi gli schieramenti.

LA BATTAGLIA OFFENSIVA

L'11 di ottobre l'esercito era pronto ma fermo e si temeva una vittoria ingloriosa concessa dagli alleati come nel 1866 in occasione della Terza Guerra d'Indipendenza italiana, quando gli austriaci cedettero il Veneto all'Italia. Il 17 ottobre Carlo I d'Austria firmava la proclamazione dell'impero austriaco in stato federale nonostante questo e gli ammutinamenti di Croati e Ungheresi l'Austria puntava ancora a battere l'Italia. Il **24 ottobre gli italiani iniziarono la terza e ultima battaglia del Grappa**. La battaglia si sviluppò con successo per loro sull'Asolone, Pertica, Osteria del Forcelletto, Prassolan, Valderoa e a poco valsero i contrattacchi avversari.

...cippo del Monte Pertica lungo la via Eroica...

Dopo che l'intera armata austriaca fu attirata sul Grappa, quella italiana puntò sul Piave verso Vittorio Veneto, spezzando il fronte nemico, contemporaneamente la IV

Armata travolse su tutti i settori la resistenza avversaria sul Grappa

L'inizio della "grande offensiva" fu deciso per l'alba del 24 ottobre con l'attacco della IV Armata nella regione del Grappa, sostenuta dalla XII, dall'artiglieria della VI, e dalla X.

Il General Giardino spronò i "soldatini del Grappa liberatori" a dare il tracollo al nemico traballante, che ognuno di essi valesse per dieci e per cento, che lui, il Generale, questo già lo sapeva, che l'Italia attendeva da ciascuno di loro la liberazione e la vittoria

Fra il Brenta e il Piave, tra la nebbia e la pioggia a dirotto, la lotta si fece accanita. L'Asolone fu occupato e subito abbandonato, così pure anche il Pertica e il Prassolan. Furono attaccati i Solaroli e strappato al nemico il Valderoa, mentre vano fu l'attacco allo Spinoncia a causa delle mitragliatrici in ogni roccia e delle pareti a picco. Furono conquistati il Col di Vajal e la scalata di Punta dello Zoc, si scese dal Monte Tomba e dal Monfenera nella conca di Alano stabilendosi sulla sponda nord del torrente Ornic.

Vennero catturati prigionieri e armi. Sull'Altopiano di Asiago la IV Armata irrompeva nel Redentoro (Val d'Astico), a Cima Tre Pezzi (Val d'Assa), a Canove, del Sisemol, a Stenfle e a Cornove e così si impediva al nemico di spostare forze verso il Grappa in aiuto alla resistenza debole ma ancora attiva.

L'attacco al Piave previsto per il 25 fu rinviato a causa delle piogge che avevano fatto gonfiare le acque del fiume. La IV Armata insisteva sui punti difesi dal nemico: Col della Beretta, Pertica, Asolone, Solarolo e Valderoa. Dall'Asolone si giunse sul Col della Berretta, vennero catturati 800 nemici, si inseguirono gli avversari e la lotta durò per ore con gravi perdite.

Gli italiani ripresero il Pertica e il Forcelletta e assaltarono le cime del Solarolo riportandone numerosi prigionieri. Continuarono assalti contro le nude vette del Solarolo e si catturarono 1400 prigionieri. Gli austriaci erano concentrati nel feltrino e nel bellunese e dunque le sue riserve non sarebbero state spostate quindi verso il fronte dell'VIII Armata.

La battaglia proseguì durissima e logorante anche il 26, lungo la linea Brenta – Piave si affrontavano 9 divisioni austriache contro 7 italiane.

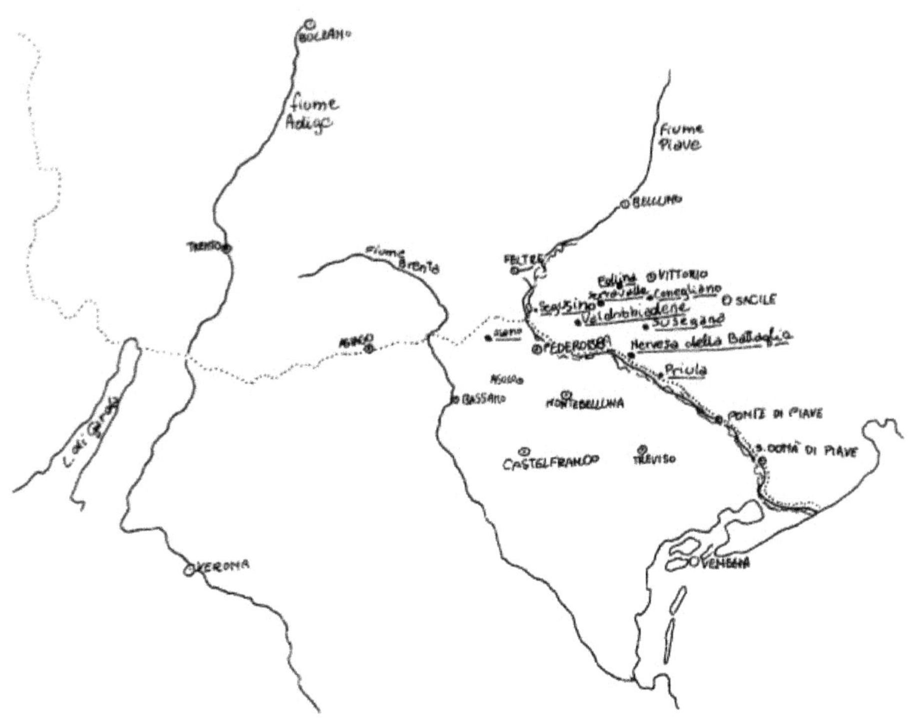

…luoghi di battaglia nei pressi del fiume Piave…

Con il miglioramento delle condizioni atmosferiche si tentò la costruzione di 11 ponti sul Piave per far passare le truppe d'assalto ma ne furono realizzati solo 6 (a causa della corrente del fiume e degli attacchi avversari) tuttavia nonostante le oggettive condizioni di difficoltà e le perdite della X armata, il fiume fu attraversato.

La notte si lavorò per riattivare i ponti interrotti, nonostante la pioggia e il fuoco avversario. Poiché l'VIII e la X armata erano staccate, fu ordinato che anche la XVIII passasse il Piave per affiancare, passò anche la XII a nord e prese Alano e Valdobbiadene.

La tenacia aveva la meglio e viveri, cartucce e coperte venivano forniti dagli aerei. Le truppe all'attacco sulla riva sinistra del Piave piegavano la resistenza nemica a ponti della Priula, la X Armata raggiungeva la pianura e la linea del Monticano. **Lo schieramento austriaco sulla riva sinistra del**

Piave era spezzato in due tronconi, quello meridionale era immobilizzato dalla X Armata, quello a nord, a Conegliano, era soggetto all'VIII. Il 29 furono prese Susegana e Conegliano e furono inviati i lancieri di Firenze e i bersaglieri ciclisti ad occupare Vittorio. La XII Armata conquistò il Monte Cesen (passaggio chiave sulla stretta di Quero e la conca di Feltre) e Segusino; l'VIII irrompeva a S. Pietro di Barbozza – Serravalle e oltrepassava Follina; la X varcava il Monticano. Vennero catturati 8000 prigionieri e un centinaio di cannoni.

Sul Pertica gli austriaci tentarono 8 attacchi che la IV armata respinse, gli italiani insistevano su Asolone, Pertica, Berretta, Prassolan e Solarolo per arrivare alla conca di Feltre lungo i contrafforti del Roncone e del Tomatico.

La IV Armata pur non riuscendo a interrompere le comunicazioni fra le truppe avversarie tra la zona alpina e la pianura, logorava le truppe nella conca di Feltre e così impedivano agli austriaci di arginare la breccia aperta dalla VIII, dalla X e dalla XII Armata al Piave.

Le armate italiane avanzavano nel Bellunese e ai fiumi Livenza e Tagliamento. A questo punto venne fatta intervenire la III Armata sugli sbocchi di Ponte di Piave, Salgaredo, Romanziol, San Donà e avanzò con decisione lungo la piana nonostante venisse ostacolata dalla resistenza delle retroguardie nemiche. Vennero catturati 3000 prigionieri. La XII Armata oltre Quero allargò l'occupazione del massiccio del Cesen, l'VIII Armata raggiunta la cresta dal Monte Cesen al Monte Pezza combatteva al passo di San Boldo, a est forzava a Serravalle, a nord Vittorio, oltrepassato Breda, Fregosa, Sarmede e Caneva. La III e la X Armata avanzavano verso la Livenza.

Gli austriaci si erano lasciati assorbire le riserve del Feltrino verso il Grappa e le riserve del piano verso la X Armata così che non era possibile in tempo utile contenere la rapida irruzione italiana da Vittorio Veneto verso la convalle bellunese e l'aggiramento del Grappa prometteva maggiori risultati.

Gli austriaci tra 30 e 31 iniziarono il ripiegamento sul fronte Fonzaso – Feltre, a questo punto il General Giardino ordinò l'avanzata della IV Armata sulla conca di Feltre, sul Tomatico, sul Roncone e per la valle di Seren. La VI Armata si spinse in Val Brenta e conquistò Cismon. La sera del 31 la IV Armata entrava a Feltre e puntò su Belluno, la XII raggiunse il Piave tra Lentiai e Mel, così pure l'VIII resistette a San Boldo e scese al Piave, espugnata la stretta di Fadalto, avanzava verso Ponte delle Alpi e occupava il Pian del Cansiglio. I lancieri entravano ad Oderzo e sull'Altopiano di Asiago si espugnava Melaghetto e la linea Cima Tre Pezzi-Fortino Stella-Canove.

e così si concluse la guerra con la vittoria italiana. **Il fronte austriaco crollò sul Grappa il 30 ottobre 1918 e il giorni successivi la IV Armata entrò a Feltre, Cismon, Primolano, Tezze e Grigno, Borgo Valsugana, Fiera di Primiero.**

L’offensiva del 1918 costò 34.000 vittime di cui 24.000 dell’Armata del Grappa. Alle tre del pomeriggio del 3 novembre fu decretato l’armistizio poi sancito con la firma a Villa Giusti il giorno successivo.

PROCLAMA DEL GENERALE DIAZ
IV NOVEMBRE MCMXVIII ORE 13

LA GUERRA CONTRO L 'AUSTRIA-UNGHERIA CHE SOTTO L'ALTA GUIDA DI S.M. IL RE DUCE SUPREMO L'ESERCITO ITALIANO INFERIORE PER NUMERO E PER MEZZI INIZIO' IL XXIV MAGGIO MCMXV E CON FEDE INESORABILE E TENACE VALORE CONDUSSE ININTERROTTA AD ASPRISSIMA PER XLI MESI E' VINTA.

LA GIGANTESCA BATTAGLIA INGAGGIATA IL XXIV DELLO SCORSO OTTOBRE ED ALLA QUALE

PRENDEVANO PARTE CINQUANTUNO DIVISIONI ITALIANE TRE DIVISIONI BRITANNICHE DUE FRANCESI UNA CZECO-SLOVACCA ED UN REGGIMENTO AMERICANO CONTRO SESSANTATRE' DIVISIONI AUSTRO-UNGARICHE E' FINITA.

LA FULMINEA ARDITISSIMA AVANZATA DEL VENTICINQUESIMO CORPO D'ARMATA SU TRENTO SBARRANDO LE VIE DELLA RITIRATA ALLE ARMATE NEMICHE DEL TRENTINO TRAVOLTE AD OCCIDENTE DALLA TRUPPE DELLA SETTIMA ARMATA E AD ORIENTE DA QUELLE DELLA PRIMA SESTA E QUARTA HANNO DETERMINATO LO SFACELO TOTALE DELLA FRONTE AVVERSARIA.

DAL BRENTA ALA TORRE, L'IRRESISTIBILE SLANCIO DELLA DODICESIMA, DELL'OTTAVA, DELLA DICIOTTESIMA ARMATA E DELLE DIVISIONI DI

CAVALLERIA, RICACCIA SEMPRE PIU' INDIETRO IL NEMICO FUGGENTE.

NELLA PIANURA S.A.R. IL DUCA D'AOSTA AVANZA RAPIDAMENE ALLA TESTA DELLA SUA INTATTA TERZA ARMATA, ANELANTE DI RITORNARE SULLE POSIZIONI DA ESSA GIA' VITTORIOSAMENTE CONQUISTATE CHE NON AVEVA MAI PERDUTO.

L'ESERCITO AUSTRO-UNGARICO E' ANNIENTATO:ESSO HA SUBITO PERDITE GRAVISSIME NELL'ACCANITA RESISTENZA DEI PRIMI GIORNI E NELL'INSEGUIMENTO HA PERDUTO QUANTITA' INGENTISSIME DI MATERIALE DI OGNI SORTA E PRESSOCHE PER INTERO I SUOI MAGAZZINI E I DEPOSITI:HA LASCAITO FINORA NELLE NOSTRE MANI TRECENTOMILA PRIGIONIERI CON INTERI STATI MAGGIORI E NON MENO DI CINQUEMILA CANNONI.

I RESTI DI QUELLO CHE FU UNO DEI PIU' POTENTI ESERCITI DEL MONDO RISALGONO IN DISORDINE E SENZA SPERANZA LE VALLI CHE AVEVANO DISCESO CON ORGOGLIOSA SICUREZZA.

COMANDO SUPREMO

GENERALE DIAZ

L'ARMISTIZIO DI VILLA GIUSTI

IL SACRARIO

A partire dal **1932** sulla cima del Grappa a 1775 metri venne costruito il **Sacrario su progetto dell'architetto Giovanni Greppi e dello scultore Giannino Castiglioni**. 300 operai rimossero 68.000 metri cubi di pietra e terra, trasportandovi 8.000 metri cubi di marmo dalle cave di Solagna e Schievenin. Il monumento si trova sul costone della vetta e si espande con

cinque gironi concentrici (ognuno alto quattro metri), digradanti a tronco di cono. Vi sono custodite le spoglie di **12.615 Caduti** di cui **10.332 Ignoti** (raccolti in grandi urne), i **2.283 Identificati** sono custoditi in loculi chiusi da lastre di bronzo con incisi i nomi e le decorazioni al Valor Militare.

Nel **cimitero austroungarico** posto a nord ci sono altri **10.295 caduti**. Altri **5.402 caduti** furono sepolti nel **Tempio Ossario di Bassano**. Prima di questa definitive sepolture, le migliaia di salme, immediatamente al termine delle operazioni militari, erano state interrate dove erano cadute, successivamente le spoglie furono tumulate in cimiteri civili e militare dei paesi circostanti.

Tra il quarto e quinto girone si trova la **tomba del General Giardino e della moglie Margherita** che per espresso desiderio vi si trovano sepolti. L'accesso ai gironi è consentito da un'ampia **gradinata centrale** a cinque rampe che raggiunge la sommità dove sorge il **sacello - santuario della Madonnina**

del Grappa e dal suo piazzale parte la **Via Eroica** tra **due file di sette cippi** ciascuna in pietra, con **scolpiti i nomi dei colli** dove si sono svolte le battaglie.

Il Sacrario venne inaugurato dal re Vittorio Emanuele III nel 1935.

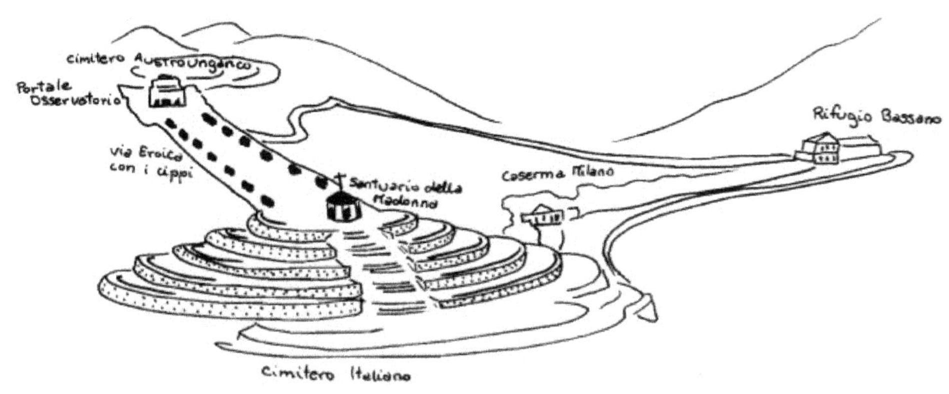

…il Sacrario del Monte Grappa…

Al termine della via Eroica sorge un enorme **edificio di pietra a forma di sarcofago progettato dall'architetto Augusto**

Limongelli e offerto dalla città di Roma come **ingresso monumentale (portale) e osservatorio**: dalla sua terrazza panoramica infatti si possono individuare i siti d'interesse grazie alla planimetria in bronzo con riportate le indicazioni.

…il Portale – Osservatorio…

La **cima del Grappa**, oltre i 1700 metri è **area sacra e monumentale** (Decreto Legge del 29/10/1922, nr. 1386 e successivi Decreti Ministeriali del 14/12/1967 e 11/12/1973) e comprende il Sacrario, la **Galleria Vittorio Emanuele III**, la **Caserma museo Milano** e la **Casa "Armata del Grappa"**.

NOTE, FOTO, CARTOLINE

Bibliografia:

cfr.

Associazione Montegrappa.org

www.magicoveneto.it › Grappa

Monte Grappa, guida breve ad un campo di battaglia, G. Peropan, Ghedina & Tassotti Editori - Bassano del Grappa 1990

Guida al Monte Grappa - itinerari e storia, A.Massignani - G.Bellò, Rossato Gino Edizioni, Novate di Valdagno, 2001

Bassano del Grappa, G. Barbieri, Terra Ferma ed., 2003

La grande guerra sul monte Grappa 1915-1918. Con DVD, A. Koslovic – E. Acerbi, Ed. Rossato, 2008

www.ingramcontent.com/pod-product-compliance
Ingram Content Group UK Ltd.
Pitfield, Milton Keynes, MK11 3LW, UK
UKHW020231250726
13967UKWH00001B/299